Hermann Cremer

Zum Kampf um das Apostolikum

Eine Streitschrift

Hermann Cremer

Zum Kampf um das Apostolikum
Eine Streitschrift

ISBN/EAN: 9783743372177

Hergestellt in Europa, USA, Kanada, Australien, Japan

Cover: Foto ©Lupo / pixelio.de

Manufactured and distributed by brebook publishing software
(www.brebook.com)

Hermann Cremer

Zum Kampf um das Apostolikum

Zum

Kampf um das Apostolikum.

Eine Streitschrift

wider

D. Harnack

von

D. Hermann Cremer,
ord. Prof. d. Theol. an der Universität Greifswald.

Dritte Auflage.

Berlin.

Verlag von Wiegandt & Grieben.

1893.

I.

In dem gegenwärtigen Streite um das apostolische Glaubensbekenntnis handelt es sich weder um neue Ergebnisse, noch überhaupt um Ergebnisse historischer Forschung.

Die Forschungen und Untersuchungen D. Harnacks haben, wie er selbst bereitwillig anerkennt, den von den streng confessionell gerichteten Theologen Caspari und von Zezschwitz gewonnenen Ergebnissen nichts wesentlich neues hinzugefügt. In der Darstellung dieser Ergebnisse in seiner jüngst erschienenen Schrift: „Das apostolische Glaubensbekenntnis; ein geschichtlicher Bericht nebst einem Nachwort", hätte freilich D. Harnack unbeschadet der Correctheit manches anders formulieren dürfen. So zunächst den Satz, daß die römische Kirche „zur Sicherstellung des Wortlautes ihres Bekenntnisses die Legende von dem apostolischen Ursprung des Symbols erzeugt" habe. Richtiger wäre gewesen: gepflegt habe, denn Legenden werden nicht absichtsvoll erzeugt. Sie bilden sich im Zusammenhange gewisser Vorstellungen und werden dann zur Stütze derselben verwertet, indem sie sich zugleich bereichern. Wenn ein dreigliederiges Taufbekenntnis bis an oder in die apostolische Zeit zurückreicht, und wenn die Kirche Roms, dem Zuge

1*

römischen Wesens folgend — ganz wie bei den germanischen Völkern —, alles feierliche bedeutungsvolle Handeln nicht bloß in feste Formen, sondern auch Formeln faßte, ohne deren Anwendung die Handlung nicht vollständig, ihre Giltigkeit daher fraglich war, so ergab sich wie von selbst sowohl die Legende, daß mit der Sache auch die Formel sich auf die Apostel zurückführe, als auch der immer reichere Ausbau dieser Legende und ihre Verwertung zu bestimmten Zwecken. Darum ist auch diese Legende für den Geschichtsforscher nicht bedeutungslos, sondern stellt ihm die bestimmte Aufgabe, zu untersuchen, ob ein analoges dreigliederiges Taufbekenntnis bis in die apostolische Zeit zurückverfolgt werden könne, als dessen bereicherte Ausgestaltung dann unser Bekenntnis erscheint. Außerdem aber hätte auch nicht übergangen werden sollen, daß neben dieser Legende auch richtigere Vorstellungen sogar bei denselben Schriftstellern sich finden, wie z. B. bei Augustin im Eingang seines sermo de symb. ad Catechum.: ista verba quae audistis per divinas scripturas sparsa sunt, sed inde collecta et ad unum redacta. „jene Worte — nämlich des Symbols —, welche ihr gehört habt, finden sich durch die göttlichen Schriften hindurch zerstreut, sind aber von dorther gesammelt und in eins gebracht".

Ferner dürfte auch der Satz eine andere Fassung erheischen: „Man darf es als ein gesichertes Ergebnis der Forschung bezeichnen: das alte römische Symbol — nämlich in der unten zur Sprache kommenden kürzeren Fassung — ist um die Mitte des 2. Jahrhunderts entstanden". Dies „entstanden" geht über das Maß der zulässigen Genauigkeit in der Formulierung der Ergebnisse wissenschaftlicher Forschung hinaus. Ueber den Zeitpunkt der Entstehung dieser Formel vermögen wir bislang nichts zu sagen. Es läßt sich nur mit einiger Sicherheit feststellen, wann sie schon vorhanden gewesen ist, nämlich zunächst um die Mitte des 2. Jahrhunderts, denn Tertullian kennt das Taufbekenntnis als regula fidei una omnino, sola immobilis et irreformabilis, als welche es ihm doch schon bei seiner eigenen Taufe überliefert worden ist, und Irenäus sieht in der Glaubensregel, die er den Haeretikern entgegenhält, den Ausdruck der von den Aposteln und ihren Jüngern (man denke an sein Verhältnis zu Polykarp!) empfangenen Überlieferung. Wenn nun auch er dieselbe bei seiner Taufe empfangen hat und sich in diesem zu seinem Christenstande gehörigen Besitz — denn ohne denselben konnte man sich keinen Christenstand denken — in Einklang gewußt hat mit Polykarp, so werden wir dadurch noch viel weiter zurückgewiesen, als bis in die Mitte des 2. Jahrhunderts, ja auch noch weiter, als Harnack selbst schon in seinem Artikel „Apostolisches Symbolum" in der protestantischen Realencyklopädie zugegeben, wo es heißt: „somit kann das kürzere römische Symbol, die Grundlage des Apostolicums, bis an die Grenze des ersten Drittels des 2. Jahrhunderts zurückverfolgt werden, und es ist kein Grund vorhanden, daß es um jene Zeit auch nur irgendwie anders gelautet hat, als wir es im Psalterium Aethelstani*) jetzt noch lesen." Ja dort geht Harnack noch

---

*) „Ich glaube an Gott den Vater, den Allmächtigen (παντοκράτορα); und an Christum Jesum, seinen eingebornen Sohn, unsren Herrn, den aus dem heiligen Geist und Maria der Jungfrau gebornen, den unter Pontius Pilatus gekreuzigten und begrabenen,

weiter — und ich wüßte, nicht, daß seitdem irgend etwas beigebracht wäre, was diese Annahme zu erschüttern geeignet wäre, — wenn er sagt: „endlich legen, von den ignatianischen Briefen abgesehen, nicht wenige Stellen in den nachapostolischen und den jüngeren neutestamentlichen Schriften die Vermutung nahe, daß den Verfassern derselben bereits ein expliziertes Taufbekenntnis bekannt gewesen sei." Ist ihnen aber ein solches bekannt gewesen, so wird D. Harnack, auch bei seiner Vermutung in Betreff der Abfassungszeit dieser Schriften, geneigt sein müssen, das Vorhandensein eines solchen Bekenntnisses auch schon jenseits der Grenze des ersten Drittels des 2. Jahrhunderts, ja wohl schon angesichts der sogen. Taufformel im Ev. Matthäi um das Ende des 1. Jahrhunderts nicht für unmöglich zu halten. Dieses Ergebnis besagt einerseits weniger, als Harnack behauptet, wenn er die Entstehung des Symbols in der Mitte des 2. Jahrh. konstatieren zu können glaubt, andrerseits aber bedeutend mehr, denn je weiter rückwärts das Vorhandensein mit Wahrscheinlichkeit verfolgt werden kann, desto weiter zurück muß die Entstehung liegen.

Hier ist nun ein anderer Punkt von Wichtigkeit, der meines Erachtens in der jüngsten Schrift D. H.'s ebenfalls einen anderen Ausdruck hätte finden dürfen. Das zuletzt gesagte gilt nämlich bezüglich des römischen Symbols nur

---

am dritten Tage von den Toten auferstandenen, gen Himmel (in die Himmel) aufgefahrenen; zur Rechten des Vaters sitzenden, von wo er kommt zum richten Lebendige und Tote; und an den heiligen Geist, eine heilige Kirche, Vergebung der Sünden, Auferstehung des Fleisches. Amen." Auch Loofs nimmt an, daß dieses Bekenntnis bereits um 120 in einzelnen Gemeinden in Gebrauch, also doch schon vorhanden gewesen sei.

insofern, als dasselbe zusammenhängt mit dem Tauf=
bekenntnis oder den Taufbekenntnissen der orientalischen
Kirchen. Nun sagt D. Harnack: „Das römische Symbol
„ist in Rom selbst abgefaßt worden (wenn es aus der
„orientalischen Kirche nach Rom gebracht worden wäre,
„müßten sich sicherere Spuren desselben im Orient finden,
„als wir kennen; es ist nicht einmal das gewiß, daß es
„ein ähnliches oder überhaupt ein ausgeführtes und
„fixiertes Taufbekenntnis im 2. Jahrhundert im Orient
„gegeben hat; doch waren die orientalischen Glaubens=
„regeln dem römischen Symbol sehr verwandt) und hat
„dort zunächst nicht als „apostolisch“ im strengen Sinn
„gegolten.“ In seinem Artikel in der protestantischen Real=
encyklopädie heißt es dagegen: „Die Verhältnisse, wie sie
„im Orient bis zum Ablauf des 4. Jahrhunderts bestanden
„haben, erschweren den Versuch, den Grundtypus der
„morgenländischen Symbole allgemeingiltig zu charakte=
„risieren. Dennoch läßt sich behaupten: 1) daß auch allen
„orientalischen Symbolen gemeinsam ein Archetypus zu
„Grunde liegt; 2) daß dieser Archetypus im Umfange und
„der Anordnung der Glieder sich wesentlich mit dem
„kürzeren römischen Symbol deckt;*) 3) daß er im einzelnen
„sehr charakteristisch von jenem abweicht. Somit läßt
„sich schon für den heute zu erreichenden Ausgangs=
„punkt ein morgenländischer und abendländischer
„Symboltypus nachweisen; beide aber sind als
„Zwillingsgestalten zu betrachten.“ Daß dies mehr
ist, als D. Harnack in seiner jüngsten Schrift sagt, liegt

*) Siehe oben die Uebersetzung aus dem Psalt. Aethelst.

klar zu Tage. Daß aber irgend ein Grund von irgend Jemandem geltend gemacht worden sei, der diese Ausführungen zu entkräften geeignet wäre, ist nicht bekannt geworden. Im Gegenteil hat W. Bornemann in der Zeitschrift für Kirchengeschichte 3, 1, S. 1 ff. aus Justins Schriften das mutmaßliche Taufsymbol desselben so reconstruiert, daß diese Annahme Harnacks dadurch nur bestätigt wird.*) Ist aber diese enge Verwandtschaft des morgenländischen und abendländischen Urtypus des Symbols nicht zu leugnen, so sind sie beide aus einer Wurzel erwachsen, und daß diese dann bis in die Zeit zurückgeht, welcher die sogenannte Taufformel bei Matthäus angehört, liegt auf der Hand. Dies aber ist von bedeutendem Gewicht für die Frage, ob das Taufbekenntnis mit der urchristlichen Verkündigung stimme bezw. nach seinem wesentlichen Inhalt und namentlich nach seinen drei Gliedern zurückreiche bis in die apostolische Zeit.

Wenn weiter Harnack darauf aufmerksam macht, daß das altrömische Symbol dem Gegensatz zwischen Orthodoxie und Arianismus gegenüber neutral sei, um zu erklären, weshalb die römische Kirche sich entschlossen habe, im Gegensatz zu den arianischen Ostgoten ihr uraltes Symbol aufzugeben und dafür das nicänische (constantinopolitanische)

---

*) Dasselbe würde nach Bornemann lauten: „Wir glauben an Gott den Vater und Herrn aller Dinge; und an unsern Herrn Jesum Christum, seinen erstgebornen Sohn, den (nach des Vaters Willen) durch eine Jungfrau geborenen und ein leidensfähiger Mensch gewordenen, und unter Pontius Pilatus gekreuzigten und gestorbenen und von den Toten auferstandenen und in den Himmel hinaufgegangenen und mit Herrlichkeit wiederum kommen werdenden (Richter aller Menschen); und an den heiligen prophetischen Geist."

zu brauchen, so wäre es gut gewesen, daran zu erinnern, daß noch Ambrosius in seiner explanatio symboli gerade im Interesse seiner antiarianischen Polemik sich wiederholt und energisch gegen alle antihäretischen Zusätze zum Symbol, wie sie die morgenländischen Kirchen liebten, verwahrt. Denn gerade mit diesen stets auf die jedesmalige Gegenwart berechneten Zusätzen hatte die Kirche sehr üble Erfahrungen gemacht, indem das gegen den einen Gegner gemünzte Schlagwort einem neuen Gegner zur Stütze dienen konnte. Es war kein Fortschritt, das alte Symbol durch das nicänische zu ersetzen. Der Takt, den bis dahin die römische Kirche in Bewahrung ihres alten Symbols bewiesen, war ein um so richtigerer, als dasselbe in seiner Objectivität und der Coordination seiner drei Artikel auf die Dauer berechnet war und mehr leistete, als das auf einen augenblicklichen Dienst berechnete nicäno=constantinopolitanische Bekenntnis. Im übrigen ist nicht zu vergessen, daß die römische Form mit ihrem „ich glaube" anstatt der griechischen „wir glauben" das Bekenntnis als Taufbekenntnis kennzeichnete, während die griechische Form als Form des Gemeindebekenntnisses unwillkürlich zu zeitgemäßen Zusätzen gegenüber den Häretikern aufforderte.

Auch dies dürfte nicht unter den Titel eines Ergebnisses historischer Forschung befaßt werden können, daß in dem Symbol der heilige Geist nicht als Person, sondern als Kraft und Gabe aufgefaßt sei. „Man kann nicht nachweisen," sagt D. Harnack, „daß um die Mitte des 2. Jahrhunderts der heilige Geist als Person geglaubt worden ist. Diese Vorstellung ist eine bedeutend spätere, die noch um die Mitte des 4. Jahrhunderts den meisten Christen

unbekannt gewesen ist." Ob dieser Satz in dieser Bestimmt=
heit angesichts der montanistischen Streitigkeiten haltbar ist,
mag hier dahingestellt bleiben. Allein da die alte Kirche
in dem Symbol den unwandelbaren Inhalt der apostolischen
Verkündigung im Lapidarstil monumentaler Form hat be=
wahren wollen, so kommt es auch gar nicht darauf an,
welches Maß von Verständnis sie ihrerseits damit ver=
bunden hat. Wir würden sonst auch den Artikel von der
Vergebung der Sünden nicht im apostolischen Sinne,
sondern in dem höchst unzulänglichen Maße des Ver=
ständnisses fassen müssen, welches die alte Kirche davon
besaß. Wir wissen aber — und das ist nur zu begreif=
lich —, wie sehr die alte Kirche an dem Verständnis der
apostolischen Verkündigung hat buchstabieren müssen, und
können uns einigermaßen vorstellig machen, wie ganz anders
die Dinge liegen würden, wenn Israel das Evangelium
aufgenommen hätte und sein Hüter und Vertreter für die
Heidenwelt geworden wäre, der die in Israel vorhandenen
Vorbedingungen für das Verständnis fehlten. Dann würde
auch wahrscheinlich der Artikel von der Vergebung der
Sünden und der Rechtfertigung aus dem Glauben nicht
so lange unter dem Scheffel gestanden haben. Daß aber
die apostolische Verkündigung nichts von dem wisse, was
die alte Kirche später Hypostase und wir Persönlichkeit des
heiligen Geistes nennen, kann nicht bloß angesichts des
„anderen Parakleten" im johanneischen Evangelium, sondern
auch angesichts der paulinischen Briefe nicht behauptet
werden. Oder wagen wir zu sagen, weil der Begriff der
Persönlichkeit uns nicht begegne, fehle auch die Sache?
Jakobi hat seiner Zeit zuerst von der Persönlichkeit Gottes

geredet und seitdem rechnen Theologie und Philosophie mit diesem Begriff. Ist deshalb auch die Sache früher unbekannt gewesen? Die Dreigliederigkeit aber der sogenannten Taufformel bei Matthäus, welche den denkbar kürzesten Ausdruck und darum die Grundlage — und vielleicht ist es nicht zu viel gesagt, die Quelle — des Symbols in seinen beiden Urtypen bildet, das „auf den Namen des Vaters und des Sohnes und des heiligen Geistes" weist auf eine Coordination hin, welche mit der Art, wie Paulus vom heiligen Geiste redet, ebenso übereinstimmt, wie mit den Aussagen des johanneischen Evangeliums vom Parakleten. Je unverkennbarer aber die Thatsache ist, daß die gesammte Heidenkirche von Anfang an trotz des ihr eignen Mangels an Verständnis sich unwillkürlich am meisten der paulinischen Verkündigung unterstellt, an ihr ihre Sprache und ihr Denken gebildet hat, desto mehr sind wir auch für das Verständnis dessen, was sie sich im Symbol bewahrt hat, nicht an sie, sondern an Paulus gewiesen. Das aber soll noch erst bewiesen werden, daß Paulus den heiligen Geist sich nur als unpersönliche Kraft gedacht habe. Eben darum ist es aber auch in Rücksicht auf bekannte Erscheinungen in der neutestamentlichen Gräcität nicht richtig, wenn Harnack das et in spiritum sanctum oder καὶ εἰς πνεῦμα ἅγιον des 3. Artikels wegen des im griechischen fehlenden Artikels übersetzt: „und an heiligen Geist". Oder soll man etwa die in den Acta Barnabae p. 74 enthaltene Taufformel εἰς ὄνομα πατρὸς καὶ υἱοῦ καὶ ἁγίου πνεύματος auch übersetzen: „auf (den) Namen Vaters, Sohnes und heiligen Geistes"? Wir müssen, um den Sinn zu treffen, der Art unserer deutschen Sprache gemäß den Artikel setzen. Aus demselben Grunde aber, aus dem wir so übersetzen müssen — nämlich um der apostolischen Verkündigung gerecht zu werden, welche das Symbol überliefern will und soll —, müssen wir es sofort weiter als einen gesunden, der orientalischen Kirche verloren gegangenen Takt der occidentalischen Kirche anerkennen, daß sie schon vor Augustin und von da ab immer entschiedener das folgende Glied von der Kirche nicht in derselben Weise, nämlich durch die Präposition, mit dem credo verbunden wissen wollte, wie das Bekenntnis zum heiligen Geiste, so daß wir übersetzen müssen: „eine heilige Kirche". Wie weit zurück die Klarheit hierüber in der occidentalischen Kirche reicht, läßt sich nicht feststellen. Daß sie nicht immer vorhanden gewesen ist, ist sicher, ebenso sicher aber, daß die schon vor Augustin einsetzende Correctur des Verständnisses nichts neues brachte, sondern nur Altes erneuerte.

Es verhält sich hiermit gerade so, wie mit dem Vater=namen Gottes, in Betreff dessen Harnack es als um so willkommner bezeichnet, daß er sich in dem Symbol findet, als man in den gleichzeitigen kirchlichen Schriften das volle evangelische Verständnis nicht mehr finde und auch „der Verfasser" (!) des Symbols selbst ihn wahrscheinlich nicht nach Matth. 11, 25 ff., Röm. 8, 15 und wie Luther gedeutet habe. Wenn irgend etwas, so gehört der Vater=name Gottes zu den Urbestandteilen des christlichen Glaubens und Bekenntnisses. Ohne denselben läßt sich christlicher Glaube gar nicht denken. Das Verständnis desselben aber, wie es in der für alte Zeiten grundlegenden Verkündigung Christi und der Apostel enthalten ist, finden wir thatſächlich namentlich in orientaliſchen Bekenntniſſen nicht wieder und dürfen dieſen Mangel auch für die occidentaliſche Kirche ohne weiteres zugeben, wenn es auch immerhin in der chriſtlichen Gemeinde nicht an „Stillen im Lande" gefehlt haben wird, die ihn verſtanden. Fehlt es doch auch heute noch der Theologie in weitem Um= fange an dieſem Verſtändnis. Wenn aber Harnack in dieſem Falle auf das apoſtoliſche Verſtändnis zurückgehen will und anerkennt, daß das Bekenntnis wirklich trotz mangelhaften zeitgenöſſiſchen Verſtändniſſes reproduciert, was urchriſtlicher Glaube iſt, ſo iſt das eine Inconſequenz, welche Harnack begeht, aber eine Inconſequenz, die wir hier dankbar verzeichnen.

Lehrreich für die Frage, wie weit das zeitgenöſſiſche Verſtändnis der einzelnen Ausſagen unſres Symbolums maßgebend ſein dürfe für das Verſtändnis ihres wirklichen Inhaltes, iſt — und damit komme ich zu einem anderen Punkte der Ergebniſſe Harnacks, dem ich eine vorſichtigere Faſſung gewünſcht hätte — die Bedeutung des ſpäteſten Zuſatzes, der communio sanctorum im dritten Artikel. Wir verdanken Caspari den Nachweis, daß Fauſtus von Reji (in der zweiten Hälfte des 5. Jahrhunderts) derjenige iſt, der zuerſt uns den 3. Artikel in der Faſſung überliefert hat, in welcher ſich der Ausdruck sanctorum communionem hinter sanctam ecclesiam catholicam findet. Fauſtus macht dieſe von ihm in dem Bekenntnis vorgefundenen Worte den Gegnern des Märtyrer= und Heiligen=Cultus gegenüber geltend und verſteht ſie demgemäß wahrſcheinlich im Sinne von „Gemeinſchaft mit den Heiligen bezw. Märtyrern." Seine Worte nötigen zu dem Schluß, daß auch die von ihm bekämpften, noch nicht außerhalb der Kirche stehenden Gegner diese Worte in dem Taufbekenntnis gehabt haben. Demgemäß werden wir bei Faustus nur eine Anwendung, nicht eine allgemeine Deutung dieser Worte haben. Also fragt sich nur, ob und in welchem Sinne wir im sonstigen kirchlichen Sprachgebrauch dem Ausdruck communio sanctorum begegnen. Denn seine Aufnahme in das Bekenntnis setzt eine gewisse Geläufigkeit desselben im kirchlichen Leben voraus. Nun ist er aber in den bis jetzt zugänglichen Denkmalen der Vergangenheit so selten, daß daraus mit Sicherheit das Verständnis nicht erschlossen werden kann. Meine eigenen Vermutungen auszusprechen, ist hier nicht der Ort. Nach von Zezschwitz soll Augustin als der Schöpfer dieses Begriffs anzusehen sein, der in den donatistischen Streitigkeiten zuerst auftritt. Augustin aber will damit den Begriff der Kirche geben, während er ein anderes Mal als congregatio sanctorum die himmlische Gemeinde bezeichnet. Von Zezschwitz hat es wahrscheinlich zu machen versucht, daß diese Worte gleichzeitig und in innerem Zusammenhange mit dem descensus ad inferna in den Text des Symbols gekommen seien und als Gegenstück derselben die obere Gemeinde, insbesondere die aus dem Hades befreiten Patriarchen meinen. Indes — wie auch die oben angeführte Thatsache ergiebt, daß die Gegner des Faustus dieselben Worte bekennen — fest stand der Begriff nicht, und Caspari seinerseits hat es wahrscheinlich gemacht, daß Nicetas von Romantiana oder von Aquileja in seiner ebenfalls aus dem 5. Jahrhundert stammenden explanatio symboli habita ad competentes dieselben Worte im Symbol hat, dann aber sie als Begriff der Kirche faßt.*)

Demgemäß ist es nicht angezeigt, mit H. unmittelbar nach Feststellung der Wahrscheinlichkeit, daß diese Worte „Gemeinschaft mit den Märtyrern und den besonders Heiligen" bedeuten sollen, mit solcher Bestimmtheit fortzufahren: „sie waren also ursprünglich keine Explication des Ausdrucks heilige katholische Kirche, sondern eine Fortsetzung desselben." Die Worte meinen in beiderlei Sinn etwas unbedingt richtiges und durch die Schrift bezeugtes — vgl. Luc. 16, 9; Hbr. 11, 40; 12, 1. 23 u. a. —, wenn sie auch von etlichen, wie Faustus, vielleicht sogar von der Mehrzahl falsch angewendet wurden, und darum bedarf es nicht, wie H. meint, einer Umdeutung, um sie in dem Symbol belassen zu können, sondern nur desjenigen Verständnisses, welches für alle Aussagen desselben nach Augustins oben angeführtem Ausspruch über die Entstehung und den Willen des Symbols maßgebend ist, nämlich welches uns die neutestamentlichen Schriften an die Hand geben.

Dasselbe gilt für den gleichzeitig in das Bekenntnis gekommenen Passus von der sogen. Höllenfahrt, descensus ad inferna. Die alte Kirche hat mit der Aufnahme dieses Zusatzes nichts anderes gethan, als einer im N. T.

---

*) Die Worte lauten nach von Zezschwitz, Katechetik, 2, 1, 120: ecclesia quid aliud quam sanctorum omnium congregatio? Ab exordio enim saeculi sive patriarchae . . . sive prophetae sive apostoli sive martyres sive ceteri justi . . . una ecclesia sunt, quia una fide et conversatione sanctificati . . . ergo in hac una ecclesia crede te communionem consecuturum esse sanctorum. Man sieht, wie beides ineinander spielt, der Begriff der Kirche und die Rücksicht auf die obere Gemeinde.

bezeugten Thatsache einen Ausdruck gegeben, welcher in
seiner objectiven, rein geschichtlichen Fassung ebenso sehr
dem energischen Willen der römischen Kirche entspricht,
alle lehrhaft gehaltenen antihäretischen (theologischen) Zu=
sätze von diesem Symbol auszuschließen, als in seinem
Lapidarstil allen übrigen Aussagen vollkommen ebenbürtig
ist. Was die alte Kirche sich bei dieser Aussage gedacht
hat, ob sie mehr an Eph. 4, 8—10; Col. 2, 15 oder wie
Rufinus daneben auch an 1. Petr. 3, 19. 20; 4, 6 gedacht
hat, interessiert die Dogmengeschichte, uns aber nur inso=
weit, als wir bei jedem Punkte des Bekenntnisses unter=
scheiden müssen zwischen der damit beabsichtigten Reproduction
apostolischer Bezeugung von Thatsachen und thatsächlichem
Sachverhalt einerseits und dem in der damaligen Christen=
heit vorhandenem Verständnis andrerseits. Was aber das
deutsche Wort Hölle betrifft, so ist bekannt, daß es noch im
14. Jahrhundert den Ort der Toten (die Wohnung der
Todesgöttin Hel), nicht der Verdammten bezeichnet.

Bezeichnend für das Bestreben, nur Thatsachen und
Thatsächliches in der einfachsten und damit zugleich
bestimmtesten Weise zum Ausdruck zu bringen, ist, daß die
afrikanische Fassung des 3. Artikels, welche sich deutlich
als von dem damaligen besonderen antihäretischen Interesse
beeinflußt zu erkennen giebt, — nämlich: „ich glaube an
den heiligen Geist, Vergebung der Sünden, Auferstehung
des Fleisches und ewiges Leben durch die heilige Kirche"
schlechterdings nirgend sonstwo Aufnahme gefunden hat.

Hatten wir es zuletzt mit den beiden jüngsten Zusätzen
zum Symbol zu thun und mit der Abwehr der Forderung
und Behauptung, dieselben im zeitgenössischen Sinn ver=

stehen zu müssen und nur auf dem Wege der Umdeutung in dem Symbol belassen zu können, so scheint ein anderer Bestandteil doch etwas wie Umdeutung gebieterisch zu fordern, denn der gewählte Ausdruck als solcher deckt sich nicht bloß entschieden nicht mit der apostolischen, speziell paulinischen Verkündigung, sondern steht rein formell betrachtet in Widerspruch mit derselben. Dies ist der Ausdruck: „Auferstehung des Fleisches", einer der ältesten Bestandteile des Symbols, der abgesehen von der Form „Auferstehung der Toten" in einigen Bekenntnisformeln der morgenländischen Kirche und der gnostischen Valentinianer nur zweimal eine kleine Veränderung aufweist, indem Nicetas carnis meae „meines Fleisches", Rufin und die mozarabische Liturgie hujus carnis resurrectionem, „dieses Fleisches Auferstehung" haben. (Die Angabe, daß viele Zeugnisse der älteren Zeit statt Auferstehung des Fleisches „Auferstehung" oder „ewiges Leben" bieten, ist nicht correct.) Die Abweichung dieses Artikels von dem apostolischen Zeugnis (vgl. 1. Cor. 15, 50 ff.) nötigt zu der Frage, ob die Kirche sich dadurch in Widerspruch hat setzen wollen mit der apostolischen Predigt, oder ob sie unbewußt sich in solchem Widerspruch befunden hat. Es wäre ja von der höchsten Bedeutung für den Wert bezw. Unwert des Symbols, wenn sich dies ergäbe. Nun erkennt aber Harnack selbst an, daß nicht bloß solche Absicht nicht vorgelegen habe, sondern im Gegenteil die Absicht bestanden habe, die Auferstehung der Toten so zu behaupten, wie sie im N. T. bezeugt wird, und daß die Kirche im Kampfe mit dem Gnosticismus auf diesem Ausdruck bestanden habe, „um nicht die Auferstehung überhaupt zu verlieren." So

2

haben wir hier allerdings einen ungeschickten Ausdruck für das, was unabweisbarer Bestandteil der apostolischen Ver= kündigung ist, aber in diesem Ausdruck zugleich den ent= schiedenen Willen, jeder Verflüchtigung und Umdeutung des apostolischen Zeugnisses vorzubeugen.

Der Wortlaut des Symbols in der ältesten uns auf= behaltenen Form ist oben gegeben. Die Erweiterungen in der jetzt gebrauchten, zuerst durch Faustus von Reji uns erhaltenen Form sind bekannt. Daß die Zusätze „nieder= gefahren zur Unterwelt (Totenreich, Hades)“ und „Gemein= schaft der Heiligen“ der apostolischen Verkündigung nicht entsprechen, hat Harnack nicht bewiesen und nicht beweisen können. Daß der Zusatz zum ersten Artikel „Schöpfer Himmels und der Erden“, die Zusätze zum zweiten Artikel „gelitten, gestorben“, die noch übrigen zum dritten Artikel „katholisch“ zu „Kirche“ (im ursprünglichen Sinne von der Gesammtkirche im Unterschiede von der Einzelgemeinde, also schon den Begriff der communio sanctorum anbahnend) und „ewiges Leben“ durchaus der apostolischen Ver= kündigung entsprechen, liegt auf der Hand. Allein in seiner Kritik des Symbols beschäftigt sich D. Harnack noch mit zwei Stücken desselben, in welchen es nach den Ergeb= nissen historisch=kritischer Forschung mit der urchristlichen Verkündigung nicht übereinstimmen soll und die deshalb schon hier, wo wir es mit diesen Ergebnissen zu thun haben, zur Sprache gebracht werden müssen. Zunächst die besondere Hervorhebung der Himmelfahrt. Daß die= selbe im Ev. Matthäi nicht erwähnt ist, und der Abschnitt Marc. 16, 9 ff., in welchem sie V. 19. 20 berichtet wird, der „textgeschichtlichen Forschung“ als späterer Zusatz —

richtiger wohl Ersatz eines verloren gegangenen Schlusses —
gilt, ist bekannt. Ob daraus gegen die Geschichtlichkeit des
Berichts argumentiert werden kann, ist sehr die Frage.
Denn daß auch der Schluß des Lukasevangeliums ein
späterer Zusatz sei, hat bis jetzt die Textgeschichte nicht
bewiesen. Im Gegenteil sagt noch Weiß in seiner Ein-
leitung in das N. T.: „Der Abschluß mit den letzten Auf-
trägen Jesu an die Apostel und seinem Scheiden (24,
44—53) rührt jedenfalls von der Hand des Evangelisten
her." (Ich vermute, daß Harnack etwas anderes im
Sinne hat, als textgeschichtliche Forschung, nämlich Quellen-
forschung. Oder sollte es sich um eine neue, bisher nicht
bekannt gegebene Entdeckung auf dem Gebiete der Text-
bezeugung handeln?) Daß die Himmelfahrt im ersten
Corintherbrief (15, 3 ff.) nicht erwähnt ist, würde nur dann
etwas bedeuten, wenn der Apostel, der von der Auferstehung handeln wollte, sie dort hätte berücksichtigen
müssen oder auch nur können. Daß er aber den, der auferstanden und den Jüngern erschienen ist, als den nun-
mehr zur Rechten Gottes Erhöhten weiß, schließt die Entrückung des durch die Auferstehung in das Leben und zu
den Seinen zurückgekehrten ein, und daß diese Entrückung
identisch sein soll mit der Auferstehung, ist nicht Ergebnis
historischer Forschung, sondern eine Hypothese, welche in
principieller Beurteilung und Kritik der Thatsachen der
Geschichte Jesu ihre Wurzel hat. Daß die Entscheidung
dieser Principienfrage nicht mit den Mitteln historischer
Forschung herbeigeführt werden kann, wird uns hernach
noch beschäftigen. Daß im Barnabasbrief Auferstehung
und Himmelfahrt auf einen Tag, und zwar den Sonntag,

verlegt seien, würde, wenn dies unzweifelhaft die Meinung
der Stelle 15, 9 wäre, eine absolut vereinzelte Annahme
des Verf. sein, gegen welche geltend gemacht werden muß,
daß nirgend im kirchlichen Altertum der Sonntag zugleich
als Feier der Himmelfahrt erscheint. Geschichtlichen Wert
hat diese Notiz eben wegen ihrer Verbindung mit der
Sonntagsfeier nicht einmal als Ueberbleibsel einer ab=
weichenden Tradition. Ebenso wenig oder noch geringerer
Wert kommt der Thatsache zu, daß „andere alte Zeugnisse
gar 18 Monate zwischen Auferstehung und Himmelfahrt
setzen", eine Mitteilung, welche wie nur eine die Un=
kundigen zu verblüffen im Stande ist. Allein Harnack hat
es unterlassen, dasjenige mitzuteilen, was den Wert dieser
Notiz zur Genüge charakterisirt, nämlich daß sie gnostischen
Kreisen entstammt und mit gnostischen Speculationen über
die Aonenreihen zusammenhängt (Iren. adv. haer. I, 8, 2;
30, 14). Demgemäß ist sie nicht wertvoller, als der im
J. 1819 von Jak. Andr. Brennecke geführte „biblische
Beweis, daß Jesus nach seiner Auferstehung noch 27 Jahre
leibhaftig auf Erden gelebt und zum Wohle der Mensch=
heit in der Stille fortgewirkt habe," welcher seiner Zeit
eine ziemlich umfangreiche Literatur hervorgerufen hat.
Aus all diesem, sowie daraus, daß in den Briefen des
Clemens, Ignatius, Polykarp, im Hirten des Hermas die
Himmelfahrt überhaupt nicht erwähnt, und daß in einigen
der ältesten Zeugnisse die Auferstehung und das Sitzen zur
Rechten Gottes in Eins zusammengefaßt werde ohne Er=
wähnung einer Himmelfahrt, folgert Harnack ein langes
Schwanken, aus dem hervorgehen soll, „daß die älteste
Verkündigung eine einzige Thatsache mit verschiedenen

Worten beschrieben hat und daß die Differenzierung zu mehreren Acten einer späteren Zeit angehört." „Das Auferstanden von den Toten verlangte allerdings einen Zusatz; denn nicht an eine einfache Wiederbelebung sollte geglaubt werden, sondern an eine Erhöhung zur Macht und Herrschaft im Himmel und auf Erden. Eben dieses drückte die älteste Verkündigung entweder durch die Himmelfahrt oder durch das Sitzen zur Rechten Gottes aus." Es ist dankbar anzuerkennen, daß Harnack nicht sofort Auferstehung und Erhöhung identificiert. So lange er aber das nicht thut und noch eine leibliche Auferstehung Christi anerkennt (?), ist er auch nicht berechtigt, das Sitzen zur Rechten Gottes anders als durch eine Entrückung, durch Himmelfahrt vermittelt anzusehen. Denn entweder sind die Erscheinungen des Auferstandenen Erscheinungen von jenseits her, und dann besagt die Auferstehung nichts anderes als eben die Erhöhung zu einem besseren Dasein, oder die Auferstehung ist, wie dies die unzweifelhafte neutestamentliche Anschauung ist, eine Rückkehr in das Leben. Diese war nun bei dem, der der von Gott gerechtfertigte Messias war, nicht mehr wie bei dem Jüngling von Nain und bei Lazarus eine Rückkehr zu einem dem Tode verfallen bleibenden, sondern zu einem unauflöslichen Leben, dessen bleibende Stätte diese Welt nicht sein kann, und welches demgemäß für ihn die Erhöhung zur Rechten Gottes fordert. Daß dies die Anschauung des N. T., des Ev. Lucae, der Apostelgeschichte, der Apokalypse (vgl. 11, 3—13), des ersten Petrusbriefes (3, 20), des Ephejerbriefes (1, 20. 2, 6. 4, 10), des Colosserbriefes (3, 1; vgl. 1. Tim. 3, 16) ist, und daß auch der erste Corintherbrief (s. ob.), der Römerbrief (1, 4. 4, 25.

6, 4 ff., 8, 11, 34. 10, 6. 14, 9) keine andere Vorstellung bezüglich des Verhältnisses zwischen Auferstehung und Erhöhung zulassen, ist angesichts der Betonung des Begräbnisses Christi 1. Cor. 15, 4, Röm. 6, 4, Col. 2, 12, vgl. Apg. 19, 23 ff. klar. Die Frage nach der Größe des zeitlichen Zwischenraums zwischen Auferstehung und Himmelfahrt ist für die Feststellung der Thatsache ihrer Unterschiedenheit und zeitlichen Geschiedenheit bedeutungslos. Ihre Bedeutung liegt anderwärts. Nicht ein Ergebnis historischer Forschung, sondern principieller Kritik ist es, daß die „Differenzierung zu mehreren Acten einer späteren Zeit angehört." Mit den neutestamentlichen Schriften — und dies ist hier die Hauptsache — steht sie keineswegs in Widerspruch, sondern ist der durchaus angemessene und einfache Ausdruck der Vorstellung, die wir aus ihnen gewinnen, nicht aber das Product einer mehr oder weniger künstlichen Combination ihrer Aussagen. Wie die Entscheidung über die Geschichtlichkeit des Berichtes und die Wahrheit der neutest. Unterscheidung zwischen Auferstehung, Himmelfahrt und Sitzen zur Rechten Gottes zu gewinnen sei, ist eine Frage für sich, die mit der Frage nach der Entstehung unsrer Erkenntnis von der Person und dem Werke Christi zusammenhängt. Hier handelt es sich nur um Charakteristik dessen, was als Ergebnis historischer Forschung geboten wird, einer Forschung, die aus dem Fehlen der Auferstehung und Himmelfahrt im Galaterbrief und ersten Johannesbrief ebenso gut ihre Schlüsse — und zwar noch viel weitergehende Schlüsse ziehen könnte, als aus dem Fehlen der Himmelfahrt im ersten Corintherbrief.

Noch deutlicher tritt dieser Charakter gewisser Ergeb=
nisse hervor in dem Punkte des Bekenntnisses, auf den
Harnack mit Recht das größte Gewicht legt, und welcher
der eigentlich entscheidende Punkt für seine sachliche Kritik
des Symbols ist. Dies ist der Satz oder eigentlich die
beiden Sätze: „empfangen vom heiligen Geiste, ge=
boren von der Jungfrau Maria," denn beide Sätze
gehören unauflöslich zusammen. Daß der Inhalt derselben
in keiner Form des Symbolums fehle, erkennt Harnack
bereitwillig an, ebenso, daß kein wesentlicher inhaltlicher
Unterschied bestehe zwischen der älteren Fassung „geboren
aus dem heiligen Geist und Maria der Jungfrau" oder
„vom heiligen Geiste aus Maria der Jungfrau" und der
späteren jetzigen Formulierung. Ob liturgische Formeln
oder sachliche Gründe oder beide Rücksichten zugleich die
Veränderung veranlaßt haben, kann dahingestellt bleiben.
Daß schon früh dabei an eine bleibende Jungfrauschaft
Marias gedacht ist, hat für uns keine Bedeutung, sondern
nur, ob diese Aussagen mit dem Glauben der Urgemeinde,
dem apostolischen Zeugnis stimmen. Wertvoll ist die von
Harnack in seinem geschichtlichen Bericht nicht berücksichtigte
Thatsache, daß außer Kerinth und Karpokrates nur der
häretische Ebionitismus — und auch dieser nur in einer
seiner beiden Richtungen, nämlich derjenigen, welche die
schroffere Forderung bezüglich der Beobachtung des Gesetzes
vertrat, also die Forderung der von Paulus aufs schärffste
bekämpften jüdischen Irrlehrer aufgenommen hatte — dem
Inhalte derselben widersprochen haben, daß aber eine
innerkirchliche Abweichung nie laut geworden ist. Dies
würde an und für sich, noch abgesehen von den neu=

testamentlichen Schriften, schon zu dem Schluß berechtigen, daß wir hierin den Ausdruck einer ursprünglichen und einheitlichen Ueberzeugung der Urkirche hätten, wenn man nicht Kerinth und Karpokrates mit dem häretischen Ebionitismus in diesem Stück als die Träger und Vertreter des Glaubens der Urgemeinde und als Hüter der apostolischen Verkündigung betrachten will — jedenfalls eine etwas bedenkliche Annahme.*) Indes Harnack erklärt es als „eine der sichersten geschichtlichen Erkenntnisse“, daß der Satz „geboren aus heiligem Geist und Maria der Jungfrau“ nicht der ursprünglichen Verkündigung des Evangeliums angehört.“ „Denn 1) er fehlt in allen Briefen des Apostels Paulus und überhaupt in allen Briefen des Neuen Testaments, 2) weder in dem Evangelium des Marcus ist er zu finden, noch sicher in dem des Johannes, 3) er fehlte auch in der Vorlage und gemeinsamen Quelle des Matthäus- und Lucasevangeliums, 4) die Genealogien Jesu, welche

---

*) Dazu kommt noch die Thatsache, daß in den ignatianischen Briefen Christus mit Vorliebe „unser Gott“ genannt wird. „Der ungeborne, welcher vor der Zeit beim Vater war,“ wird ein „geborener“, „Sohn Gottes geboren von einer Jungfrau“, oder „aus Maria und aus Gott“, wird „leidensfähig“. Nach Loofs, einem Fachgenossen Harnacks, der mit ihm den theologischen Standpunkt teilt, fallen — gegen Harnacks Annahme — diese Briefe in die Zeit Trajans und nicht Hadrians, und „unschwer erkennt man in ihnen den in Vorderasien sehr begreiflichen Einfluß johanneischer wie paulinischer Theologie,“ oder sagen wir lieber und richtiger Verkündigung. Damit aber haben wir, vorausgesetzt, daß diese Aussagen mit denen der neutest. Schriften inhaltlich stimmen, das fehlende Glied in der ununterbrochenen Continuität der apostolischen und kirchlichen Aussagen von der Gottheit Christi. Daß Harnack hierauf nicht eingeht, liegt lediglich in seiner Zeitbestimmung der Briefe.

diese beiden Evangelien enthalten, führen auf Joseph und nicht auf Maria, 5) alle vier Evangelien bezeugen es — zwei unmittelbar, zwei mittelbar —, daß die ursprüngliche Verkündigung von Jesus Christus mit seiner Taufe begonnen hat." Ich würde in Harnacks Stelle, um die Siebenzahl der Gründe voll zu machen, noch zwei Beobachtungen hinzugefügt haben, nämlich zu 1, daß Paulus Gal. 4, 4 ausdrücklich nicht sagt: „geboren von einer Jungfrau", sondern „geboren von einem Weibe", und zu 5, daß Apg. 10, 38 diese Thatsache beglaubigt. Ich sehe davon ab, daß die Menge der Gründe in der Regel in umgekehrtem Verhältnis zu ihrer Beweiskraft steht. Die Beweisführung wird aber um so verwickelter und bedenklicher, als sie eng zusammenhängt mit dem, was Harnack einige Seiten vorher über die Benennung Christi als HErr und als Sohn Gottes, sowie was er im Nachwort über die Gottmenschheit sagt, kurz mit seiner Anschauung von der Gottheit Christi. Ist, was er hierüber sagt, hinfällig, so verlieren mindestens die oben aufgeführten Gründe an Gewicht, wenn sie nicht ihre Beweiskraft völlig einbüßen. Nun sagt Harnack, daß erst in der Zeit nach dem Nicänum bei dem Ausdruck „eingeborner Sohn" an eine vorzeitliche ewige Sohnschaft Christi gedacht sei in dem Sinne, in welchem Luther die Worte erkläre: „wahrhaftiger Gott vom Vater in Ewigkeit geboren". Diese Fassung verlange aber eine Umdeutung des Ausdrucks in unsrem Symbol. Es lasse sich — trotz der von Harnack doch wenigstens unter Hadrian gesetzten igantianischen Briefe! — geschichtlich nachweisen, daß um die Mitte des 2. Jahrhunderts der Begriff eingeborner Sohn nicht so ver-

standen worden sei. „Wo Jesus Christus „Sohn" heißt,
wo ein „geboren sein" von ihm ausgesagt wird, ist
in jener Zeit an den geschichtlichen Christus und an
die irdische Erscheinung gedacht: als der auf Erden
erschienene ist er der Sohn". Die Sache liegt aber that=
sächlich anders. Das ist richtig, daß „geboren sein" in
den neutestamentlichen Schriften stets auf seine irdische Er=
scheinung geht, und, fügen wir hinzu, daß das Citat aus
dem 2. Ps.: „du bist mein Sohn, heute habe ich dich ge=
zeuget" (Apg. 13, 33, Hbr. 1, 5. 5, 5) nicht eine ewige
Zeugung meint, sondern die Einsetzung in die messianische
Würdestellung. Der Begriff einer „ewigen Zeugung" ist
der heil. Schrift fremd. Ein größeres Zugeständnis kann
D. Harnack nicht verlangen. Damit ist aber auch das
Maß erschöpft. Daß Christus nur „als der auf Erden
Erschienene der Sohn ist", ist nicht bloß unbeweisbar,
sondern das Gegenteil ist richtig. Allerdings ist „Sohn
Gottes" ein messianischer Begriff, Prädicat des Messias,
aber bei Paulus sowohl wie bei Johannes schließt diese
messianische Gottessohnschaft, wie sie Jesu eignet, ein
jenseitiges, jenseits der Menschheit Jesu oder seines mensch=
lichen Daseins liegendes überweltliches und vorzeitliches
Verhältnis zum Vater ein, mit anderen Worten, die
messianische Gottessohnschaft Jesu ist als solche überwelt=
liche, ewige Gottessohnschaft. Der als der Mensch Jesus
auf Erden erschienen ist, war der Sohn Gottes, ehe er
Mensch ward, und nicht ist der Mensch Jesus erst durch
die Sendung — etwa bei der Taufe durch Johannes —
der Sohn Gottes geworden. Dieses Resultat steht für
sämmtliche Schriften des Neuen Testaments exegetisch so

jest, daß es Harnacks Sache ist, den Gegenbeweis anzu= treten. Damit schließt sich die Bezeichnung Christi als HErr zusammen, in Betreff deren sich das ebenso exegetisch unzweifelhaft feststehende Resultat ergiebt, daß sie gerade so gemeint ist, wie das Prädicat Gottes als des Herrn, und im Sinne der messianischen und zugleich ewigen gott= heitlichen Ueberordnung dessen steht, dessen Gläubige von Anfang an bezeichnet werden als „die den Namen des Herrn Jesu Christi anrufen" (1. Cor. 1, 2. Apg. 9, 14. 21. 22, 16. vgl. 7, 59. Röm. 10, 12), also zu ihm beten, — beten aber kann man nur zu dem, der Gott ist, und wer Gott ist, ist es ewig, denn Gottwerdung eines Menschen ist ein gotteslästerlicher Gedanke sowohl für die Religion des alten wie des neuen Bundes, von dem in den Schriften des Neuen Testaments auch nicht eine Spur zu finden ist. Darum müssen wir mit Paulus von einer Menschwerdung dessen, der ewiger Weise Gott ist (Phil. 2, 6 ff. Röm. 9, 5) reden, mit Johannes von dem fleischgewordenen Wort, das Gott war, „Gott zu Gott hin", und der ebenso vor seinem irdischen Dasein beim Vater war, wie er jetzt beim Vater ist gemäß seinem Wort: „ich bin vom Vater aus= gegangen und gekommen in die Welt; wiederum verlasse ich die Welt und gehe zum Vater" (Joh. 16, 28), und der gebetet hat: „Nun verkläre mich, Du Vater, mit der Klar= heit, die ich bei Dir hatte, ehe der Welt Grund geleget war" (Joh. 17, 5). Damit ist der Beweis erbracht, daß nach der Anschauung der neutest. Schriften das Prädicat der Gottheit Christo nicht im Sinne der religiös=sittlichen Absolutheit des Menschen Jesus zukommt („für welche schließlich der mißverständliche, aber berechtigte Name der

„Gottheit Christi" nicht zu hoch ist" — nach Beyschlags
verlegener Auskunft, um nur noch den Ausdruck beibehalten
zu können). Damit ist zugleich auch entschieden, daß der
kirchliche Sprachgebrauch, welcher Christum als den Gott-
menschen bezeichnet, in vollem biblisch begründeten Rechte
ist, wenn er damit etwas anderes meint, als Harnack, der
mit Ritschl — ebenfalls um den Ausdruck fortführen zu
können — ihn dahin umdeutet, daß Christus der Mensch
sei, „in dem Gott erkannt und ergriffen werde". Das ist
Christus ja allerdings, aber nur, weil er mehr ist als das,
weil er der Gottmensch im Sinne des kirchlichen Sprach-
gebrauchs ist, in dem Sinne, in welchem diese Bezeichnung
die neutestamentliche Anschauung kurz formulieren soll.

Ist damit aber der Ungrund der Behauptung Harnacks
in Betreff der Gottheit Christi im N. T. dargethan, so er-
hellt, daß das „empfangen vom heiligen Geiste, geboren
von der Jungfrau Maria" Matth. 1, 18, Luc. 1, 35 sachlich begründet ist, und daß die Frage, aus welcher Quelle
die beiden Evangelien dies geschöpft haben, für die Sache
nichts austrägt. Es ist Bestandteil des Glaubens der Urgemeinde. Daß das Evangelium Marcus davon nichts
berichtet, ist für den, der aus Marc. 1, 1 ersieht, was diese
Schrift darstellen will, nicht verwunderlich, und ist begreiflich für den, der sich vergegenwärtigt, daß die Tradition
von der Verkündigung des Evangeliums, der Botschaft
von der endlich angebrochenen Erfüllungszeit, zunächst nur
mit der Thatsache des öffentlichen Auftretens des Täufers
und Jesu beginnen konnte. Diese Tradition mußte den
Grundstock der evangelischen Berichte bilden. Das schließt
aber nicht aus, daß weitergehende Zwecke, wie sie das

erste und dritte Evangelium verfolgen, auch ein weiteres Zurückgreifen erheischen. Daß die beiden Genealogien den Stammbaum Jesu auf David zurückführen, sollte billig so lange nicht dagegen angeführt werden, als man die Verfasser der beiden Evangelien — auch wenn man sie als bloße Compilatoren betrachten will — doch noch nicht für gedankenlose und beschränkte Abschreiber hält. Verständiger ist es doch auch für den Geschichtsforscher, zu fragen, was sich dieselben bei der Nebeneinanderstellung der Erzählung von der wunderbaren Geburt Jesu und der Genealogie des Sohnes Davids mindestens gedacht haben können? Pflicht aber wird diese Frage angesichts Matth. 1, 1. 17 f., Luc. 1, 27. 32, wo auch die Antwort liegt, nämlich daß dem Hause Davids dieser Sproß, der verheißene Sohn Davids auf wunderbare Weise geschenkt wird. Was dann der Geschichtsforscher von dieser Thatsache halten will, ist seine Sache. Nur kann er sich gegen dieselbe nicht mehr auf die Genealogien berufen, welche — um dies zugleich auf eine beiläufige Bemerkung Harnacks zu erwidern — auch nach meiner Meinung die Zugehörigkeit Jesu zum Davidischen Hause durch Joseph vermittelt sein lassen. Wie die Verschiedenheit zu erklären, gehört nicht hierher, wo wir es nur mit den Gründen Harnacks gegen die Auffassung der Aussagen des Symbolums als Reproduction der urchristlichen Verkündigung zu thun haben. Sollte aber ein Ausdruck in Harnacks jüngster Schrift, was ich nicht annehme, dahin zu verstehen sein, daß der Satz „empfangen vom heiligen Geiste, geboren von der Jungfrau Maria" in der Verkündigung Jesu selbst nicht zu finden sei, so müßten zunächst Worte wie Joh. 8, 58; 16, 28; 17, 5 aus der Welt geschafft werden, ehe diese Behauptung aufrecht erhalten werden könnte. Denn diese Aussagen verhalten sich zu unsrem Satze, wie die Menschwerdung dessen, der Gott ist, zur wunderbaren Geburt des Menschensohnes. Daß dieselben in dem vielumstrittenen johanneischen Evangelium sich finden, ist ein bedeutungsloser Einwand, so lange man zugeben muß, daß sie inhaltlich mit der paulinischen Verkündigung, und also mit der apostolischen Verkündigung stimmen. Denn daß in diesem Punkte, in der Anschauung von der Person Christi im Apostelkreise eine Differenz bestanden habe, ist so lange unmöglich darzuthun, als man sich nicht entschließt, die Urapostel im Unterschiede von Paulus zu Vertretern des häretischen Ebionitismus zu machen und denselben als den legitimen Träger der urapostolischen Tradition im Gegensatz gegen die paulinische Verkündigung anzusehen.

D. Harnack wird schwerer wiegende Gründe als die bisherigen beibringen müssen, um die inhaltliche Uebereinstimmung des zuletzt in Betracht gezogenen Satzes, der den eigentlichen Nerv der Verhandlung bildet, mit der apostolischen Verkündigung bezw. mit dem Glauben der Urgemeinde erfolgreich bestreiten zu können. Er wird sich vor allem dazu entschließen müssen, einen tiefgehenden verhängnisvollen Schnitt zwischen der Verkündigung Jesu selbst nach den drei ersten Evangelien und der apostolischen Verkündigung zu machen, und auch dann noch handelt es sich nicht sowohl um eine Frage rein historischer Kritik, sondern wie schon jetzt im tiefsten Grunde um eine Principienfrage, die hernach zu besprechen ist.

So wie die Sache historisch angesehen bis jetzt liegt, hat D. Harnack nichts beigebracht, was uns hindern könnte, im Großen und Ganzen dem Urteil Casparis beizutreten: „Das Taufbekenntnis geht ohne alle Frage seinem ganzen Inhalte nach und, wenigstens meiner wissenschaftlichen Überzeugung zufolge, zum größten Teile auch nach seiner Form in das apostolische Zeitalter zurück, ... und das verhältnismäßig wenige, was später zu ihm hinzugekommen ist, ist nicht nur schon Gegenstand apostolischer Verkündigung und urchristlichen Glaubens gewesen, sondern hat sich auch im Grunde nur unter verschiedenem äußerem Anlaß und Anstoß aus der vorhandenen Formel, in der es von An= fang an beschlossen lag, und vor deren Thür es, prädestiniert zur Aufnahme, gelagert war, heraus entwickelt. Ja, wer erwägt, wie das Taufbekenntnis in der alten Kirche aller Orten denselben Grundtypus hatte, der wird sich selbst kaum des Gedankens erwehren können, daß dieser Grund= typus oder die ursprüngliche Formel von einer höheren Autorität, einer apostolischen, ausgegangen sein müsse, wenn auch nur in irgend welcher mittelbaren Weise, durch Billi= gung oder Sanction des kirchlich Entstandenen, indem ohne eine solche Annahme wiederum die große Freiheit nicht wohl zu erklären ist, mit der die alten Kirchen, insbesondere die orientalischen, seinen Wortlaut behandelt haben. Wenn es aber sich so verhält, so zeigt uns das Taufbekenntnis, „der christliche Glaube", wie es die Kirche immer genannt hat, was Summe der apostolischen Verkündigung und was Christenglaube von Anfang an gewesen ist."

Ich sagte zu Anfang, es handle sich in dem gegen= wärtigen Streite um das Apostolikum weder um neue Ergebnisse, noch überhaupt um Ergebnisse historischer Forschung. Daß in der That nicht bloß das erstere, sondern auch das letztere richtig ist, liegt auf der Hand, wenn, wie sich herausgestellt hat, das „empfangen vom heiligen Geiste, geboren von der Jungfrau Maria" den Hauptpunkt bildet, über den man sich zu entscheiden hat.

II.

Denn die Frage nach der Person Christi oder die Frage, wer und was Jesus ist, kann nimmermehr auf dem Wege und mit den Mitteln historischer Forschung entschieden werden.

Was auf dem Wege und mit den Mitteln historischer Forschung festgestellt werden kann, ist nur, was zu irgend einer Zeit von Christo geglaubt, verkündigt und gelehrt worden ist, — und auch dies nur mit einer gewissen Beschränkung. Gust. Freitags Schilderung Luthers zeigt, daß er außer Stande gewesen ist, Luthers Glauben darzustellen, und zwar sowohl sein Glaubensleben, als das Objekt seines Glaubens. Nicht weil ihm dazu die theologische Bildung fehlte. Es stände nicht gut um das, was Luther geglaubt und wie er geglaubt hat, wenn zu dessen Verständnis ein gewisses Maß wissenschaftlicher Bildung wenn auch nicht die, so doch eine unerläßliche Vorbedingung wäre. Den deutschen Mann und den Charakter konnte G. Freitag verstehen, den Glaubensmann und den Reformator hat er nicht verstanden, weil ihn Luthers Glaube und Glaubensleben fremd anmutete, und so hat er Luther nur halb oder kaum halb verstanden.

Nun ist es ein eigentümliches Ding um das Verständnis menschlichen Geisteslebens und seiner Denkmale. Wir erheben den Anspruch, das Geistesleben auch der größten

Männer der entlegensten Zeiten verstehen zu können, ja sogar uns in das Geistesleben und die Weltanschauung solcher Zeiten versetzen zu können, von denen uns nur die Sprachforschung, die etymologische Forschung noch Kunde zu geben vermag. Und mit vollem Recht. Nichts vermögen wir so ganz zu verstehen, als den Menschen, wenn wir auch oftmals die Menschen nicht verstehen. Was jemals menschlicher Geist hervorgebracht hat, ist uns verständlich, denn es ist unser. Eine Grenze aber giebt es, über welche diese angeborene Befähigung nicht hinausreicht, die Grenze, welche Paulus mit einem bekannten Wort 1. Cor. 2 zieht. Wir vermögen die homerische und nachhomerische Theologie, die Religion unserer germanischen Vorfahren, die Religion der Egypter und Inder richtig darzustellen, richtig zu reproducieren, als wäre es die unsere, denn alle Religion, mit Ausnahme derjenigen, deren Centrum und Objekt Christus ist, ist Product des Menschengeistes. Eine Religion aber, welche nicht Product des Menschengeistes, sondern des Geistes Gottes ist, vermag nur der richtig darzustellen, der ihr die Anerkennung und Aufnahme in sein eigenes Person=leben nicht versagt hat. Dies geht so weit, daß derjenige, welcher das Christentum innerlich aufgenommen, dann aber sein inneres Leben verwahrlost hat, zwar noch im Stande ist, sogar mit gewaltigem Feuereifer die Wahrheit zu ver=kündigen und den Schein eines reichen Innenlebens zu er=wecken. Aber seine Begeisterung ist eine rein objektive; er predigt aus der Erinnerung und der Vergangenheit, nicht aus der Gegenwart. Kommt in ernster Stunde ein ehrliches Urteil über seine eigene Leistung über seine Lippen, so ist es das, daß er seit längerer oder kürzerer Zeit vergeblich nach dem einen entscheidenden Wort suche, welches ihn zum Zeugen und nicht zum bloßen Referenten mache.

Wer es so ernst mit dem Christentum nimmt, wie Harnack dies rückhaltlos bekennt, wird dies zugeben. Die Congenialität mit den größten Geistern des Altertums und der Neuzeit ist noch nicht Congenialität mit Christo und dem Christentum, auch nicht einmal als Vorstufe. Sind wir darin aber einig, so zweifle ich auch nicht an seiner principiellen Zustimmung zu dem oben ausgesprochenen Satze, daß die Frage nach der Person Christi nicht durch historische Forschung entschieden werden kann. Dann aber liegt die Möglichkeit vor, daß Princip und Methode nicht in dem richtigen Einklang stehen, und dies ist überall da der Fall, wo die Geschichtsforschung zum Historicismus wird, welcher nichts gelten läßt, als was Ergebnis geschichtlicher Forschung ist.

Diese Gefahr liegt dem christlichen Theologen sehr nahe. Denn zum Christentum gehört eine Geschichte, und zwar nicht bloß die geschichtliche Person Jesu. Wenn er anders nichts wäre, als eine Person der Geschichte, wenn auch die größeste, so könnten wir zwar von den Erträgen seines Daseins und Wirkens zehren, ohne aber ihn selbst näher zu kennen. Jede eindringendere Forschung würde unseren geistigen Besitzstand, den er der Menschheit hinterlassen, vielleicht bereichern, vielleicht auch corrigieren, aber einer weiteren Orientierung über seine Person bedürfte es für den Einzelnen nicht. Ein Dogma von seiner Person würde es vollends nicht geben.

Nun gehört aber die Geschichte, die Jesus erlebt, nicht bloß gelebt hat, die in seinem Kreuzestode und seiner Auf=

erstehung gipfelt, so wesentlich zum Christentum, daß die apostolische Verkündigung von ihm sich darauf concentriert, — wie sehr, wird nachher zur Sprache kommen.

Eben weil die Geschichte Jesu den Mittelpunkt der evangelischen Verkündigung durch die Apostel bildet, kann es keine christliche Theologie ohne Geschichtsforschung geben. Der aber müßte den bestrickenden Zauber wissenschaftlicher Forschungsarbeit schlecht kennen, der dann die auf Schritt und Tritt ihm folgende Versuchung zum Historicismus nicht anerkennen wollte.

Darum sagen wir: Jesus Christus ist allerdings Objekt historischer Forschung, — und wer wollte leugnen, daß sich die Geschichtsforschung jemals eine würdigere und größere Aufgabe stellen könnte? Aber — er ist nicht bloß mehr als das, — er ist auch nicht bloß nie völlig von der Geschichtsforschung zu erreichen, sondern das, was er eigent= lich ist, sowie was er und seine Geschichte für die Mensch= heit und jeden Einzelnen in ihr und für der Menschheit und des Menschen Ewigkeit bedeutet, vermag überhaupt die Geschichtsforschung nicht festzustellen. Wer diese Bedeutung auf dem dazu notwendigen Wege erkannt und anerkannt hat, kann seine Geschichte, kann die Weltgeschichte von dieser Erkenntnis aus darstellen, denn die Rätsel der Geschichte soll und will Jesus lösen, nicht durch Erkenntnis, sondern durch eine That, und diese That ist sein Kreuz und was darauf und daraus folgt bis zu seiner Wiederkunft. Aber dies ist etwas ganz anderes, als auf dem Wege der Geschichtsforschung die ihn betreffenden Fragen lösen wollen.

Nun ist, wie schon gesagt, dies das Centrum der ge= sammten apostolischen Verkündigung: Christus für uns

3*

gekreuzigt, für uns auferstanden, für uns aufgefahren und
sitzend zur Rechten Gottes, für uns von dannen wieder=
kommend, — und dieses für uns bringt das „ich glaube an
ihn“ im Symbol zum Ausdruck. Denn wozu glaubt man,
wenn nicht um davon etwas zu haben? Dieser Christus für
uns ist aber in der apostolischen Verkündigung der, der ewiger
Weise Gott zu Gott war und gottheitlich über uns waltet
und entscheidet, der, zu dem wir beten sollen. Der Erhöhte
aber ist derselbe, der auf Erden erschienen ist und der jene
Geschichte sich hat widerfahren lassen, damit uns nicht wider=
führe, was wir wert sind. Diese Bedeutung hat aber Tod
und Auferstehung für uns im unauflöslichen Zusammenhange
damit, daß wir zu ihm beten, also mit seiner Gottheit,
und darum also damit, daß er Mensch geworden ist, was
keiner sonst ist, denn zwar werden die Menschen, aber Niemand
wird Mensch. Wenn somit die Gottheit Christi, die Gott=
menschheit Jesu dasjenige Stück der christlichen Verkündigung
bildet, ohne welches die anderen Aussagen nicht aufrecht
erhalten werden können, so steht auch der Geschichtsforscher
vor der Frage: wie soll ich das erkennen und entscheiden?

Die „Leben=Jesu=Theologie“ hat hier unendlich viel
geschadet. Sie ist mehr und mehr in die Methode der
Profangeschichtsforschung eingegangen, obgleich sie auch von
dieser hätte lernen können, daß man, um Ereignisse und
Personen nicht bloß äußerlich richtig darzustellen, sondern
sie zu verstehen, seinen Standort dort nehmen muß, wo die
verwirrten Fäden sich entwirrt haben. Wir wissen, daß die
Rätsel der Person und Geschichte Jesu sich den Jüngern
erst gelöst haben nach seiner Auferstehung. Warum schreiben
wir denn nicht die Geschichte Jesu — nicht das Leben,

denn das ist eine Unmöglichkeit auch für die Wissenschaft —
unter dem Gesichtspunkte, den uns Phil. 2, 6 ff. an die Hand
giebt? Strauß war seiner Zeit kühn und energisch genug,
um ein Leben Jesu unter dem Gesichtspunkte principieller
Leugnung des Christusglaubens zu schreiben, — auf positiver
Seite hat man das gleiche Maß von Kühnheit, eine Geschichte
Jesu nach Phil. 2, 6 ff. zu schreiben, nicht gehabt, und darum
auch bis heute keine ebenbürtige Leistung aufzuweisen, wobei
ich freilich nicht vergessen will, daß jeder Christ, wie der
holländische Theologe Gunning einmal sagt, bei den höchsten
Leistungen in Kunst und Wissenschaft stets die Spuren der
gelähmten Hüfte Jakob-Israels erkennen läßt.

Jedoch dies droht vom Thema abzuführen. Der Kampf
um das Apostolikum ist ein Principienstreit, nicht um das
Princip, ob und wie weit demselben verpflichtende und
bindende Kraft, seis für die Glieder, seis für die Diener
der Kirche beiwohne, sondern ein Streit um das Princip,
ob es der historischen Forschung zukomme, das entscheidende
Wort über Christus zu sprechen oder nicht. Wenn nicht — und
ich hoffe, daß D. Harnack mir darin beistimmen wird —, so
hoffe ich auch, das weitere Zugeständnis zu erhalten, daß die
Entscheidung der sachlich letzten principiellen Frage: wer und
was ist Christus? ihrerseits sehr wesentlich die Gestaltung der Ergebnisse der historischen Forschung
beeinflussen — nicht beeinträchtigen — wird. Ich
nenne beispielsweise nur die Entscheidung der Frage nach
der Geschichtlichkeit des johanneischen Evangeliums, ferner
die Frage nach dem Verhältnis der apostolischen Verkündigung zur Verkündigung Jesu, ja sogar eine Reihe
von exegetischen Fragen. Die Leugnung der Gottheit bezw.

Gottmenschheit Christi im Sinne des kirchlichen Sprach=
gebrauchs ist deshalb auch nicht Ergebnis, sondern principieller
dogmatischer Ausgangspunkt für die historische Forschung.
Der Historiker steht als Christ und Theologe zu allererst
vor dieser Frage nach der Person Christi, um in Gemäß=
heit ihrer Entscheidung seine Wissenschaft zu treiben.

Mag die gegenwärtige römische Kirche ihren Glauben
und ihr Bekenntnis von der Person Christi auf historische
Gründe, auf die Tradition des römischen Stuhles stützen —
auch dies ist in Wahrheit eine dogmatische, nicht historische
Stütze —, die Kirche der Reformation kann in dem
Historicismus nur eine andere Form der römischen Methode
sehen, welche alle diejenigen, die der wissenschaftlichen
Forschung nicht zu folgen und sie zu controlieren vermögen,
zur fides implicita verdammt und nur der geistigen
Aristokratie eine fides explicita ermöglicht. Das Christen=
tum ist keine Religion für eine Aristokratie der Menschheit,
auch nicht für die Aristokratie der Theologen, und stellt
deshalb einen Jeden, den Gebildeten und Ungebildeten,
vor die entscheidende Frage: was dünket euch um Christo?
weil diese Frage Jeder lösen kann, der nur guten Willens
ist. Denn es ist nicht eine Frage der Wissenschaft, der
Theologie, sondern der Religion, die auf dem Wege reli=
giösen Verhaltens gelöst wird. Wie sie seitens der Apostel
und seitens der Urkirche, und überhaupt seitens der be=
kennenden Kirche beantwortet worden ist, wissen wir. Auch
wer unter dem pädagogischen Einflusse der bekennenden
Kirche die Antwort überkommt und aufnimmt, kommt doch
einmal in seinem Leben an einen Punkt, in welchem er
selbst frei die Entscheidung für seine Person zu treffen hat.

Daß die Entscheidung wirklich getroffen wird, ist der seltenere Fall. Meist wird die Frage zurückgeschoben, zuweilen angeblich ganz abgewiesen. Darum hat die Majorität, auch die der Gebildeten, in dieser Frage nichts zu bedeuten. Für uns aber ist sie gegenwärtig neu gestellt, mit besonderem Ernste für das junge Geschlecht derer, die sich zum Dienste der Kirche bestimmt haben, und diese müssen von uns, ihren berufenen Lehrern, hören und immer wieder hören, daß diese Frage religiös entschieden werden muß, und daß die Gestaltung ihrer wissenschaftlichen Arbeit von der religiösen Entscheidung derselben abhängt.

Nicht als wenn die Entscheidung stets rasch und mit einem Male gewonnen wäre. Christus ist auch das, was Harnack von ihm sagt und was Ritschl sagt, aber er ist noch mehr, viel mehr als das, und nicht bloß graduell, sondern qualitativ anderes und höheres als das. Zur Häresie wird jene Auffassung erst, wenn sie dies leugnet. Aber weil Christus unser Bruder geworden ist, so führt der Weg zur Erkenntnis seiner Gottheit durch seine Menschheit, und dann wieder von der Erkenntnis seiner Gottheit erst wirklich zum Verständnis seiner Menschheit, wer nur noch Willens ist, sich von ihm selbst und seinen Zeugen führen zu lassen, und nicht von vornherein von dem Zeugnis derselben sagt: das kann, das darf nicht sein, und darum versucht, es nach seinen Anschauungen umzudeuten. Es liegt auch darin noch eine anerkennenswerte Scheu vor dem offenen Bruch mit dem formalen Princip der evangelischen Kirche; auch diese Scheu kann der Weg werden zur Erkenntnis dessen, der Gott war und ist und Mensch geworden ist uns zu gute, damit er für uns sterbe, und auferweckt und uns wiedergeschenkt worden ist, damit er ewig unser sei und wir sein. Daß der Glaube an Christus aber ein qualitativ anderer ist, wenn die Gottheit Christi verneint wird, obwohl man das Wort beibehält, weil man darin den „zwar misverständlichen, aber berechtigten Ausdruck" der religiösen Absolutheit Jesu sieht, kann Niemand leugnen. Denn die Religion richtet sich nach dem, der Gott ist und zu dem man betet.

Darum bleibt es dabei: die Frage um das Apostolikum ist die Frage um die Gottheit Christi, und diese Frage kann die historische Forschung nicht entscheiden. Ist sie entschieden, so kann auch keine historische Forschung die Entscheidung umstoßen, und die alte Entscheidung neu zu treffen, nicht bloß neu zu proklamieren, sondern inhaltlich und innerlich zu wiederholen und auf diesem Grunde neu zu bekennen, das ist gegenwärtig die Aufgabe. Auf diesem Grunde, und nicht lediglich aus der kirchlichen Lehrtradition ist Luthers Erklärung des zweiten Artikels erwachsen: „ich glaube, daß Jesus Christus, wahrhaftiger Gott vom Vater in Ewigkeit geboren, und auch wahrhaftiger Mensch von der Jungfrau Maria geboren, sei mein HErr, der mich verlorenen und verdammten Menschen erlöset hat."

Alle Fragen, mit denen sich D. Harnack in seiner Broschüre beschäftigt, sind nur Vorpostengefechte. Es giebt keinen Kampf ohne solche. Aber wir wollen uns auch durch die vorgeschobenen Posten nicht gegenseitig täuschen. Wird der Satz zugegeben, der oben aufgestellt worden ist, so wird dann erst der eigentliche Kampf um das Symbol beginnen, der dann mit Gottes Hilfe ehrlich und ritterlich ausgekämpft werden soll, wenn er auch nicht zu Ende

kommt vor dem Ende der Tage. Denn in der einen oder
anderen Weise wird er in jeder Generation neu entbrennen
und nur eine Kirche, wie die des heutigen Rom, kann sich
der Einbildung hingeben, ihn mit Machtmitteln der Autorität
ein für alle Mal zu Ende bringen zu können oder gar
schon zu Ende gebracht zu haben. Die Sache aber, um
die sichs handelt, ist zu ernst, als daß wir nicht geloben
müßten, von der Sitte der Germanen abzulassen, und nicht,
wie die Königinnen im Streit der Nibelungen, einander
zu schelten.

III.

Ist das die eigentliche Frage, wer und was Christus
sei, so richtet sich nach ihrer Entscheidung auch die Kritik
des Symbols.

Nach dem bisher Gesagten können wir uns hier nun
kürzer fassen. Bei derjenigen Auffassung des Begriffs
Gottheit und Gottmenschheit Christi, welche Harnack vertritt,
ist es begreiflich, daß ihm das Bekenntnis in diesem Punkte
zu viel sagt, dagegen in einem anderen Punkte viel zu
wenig, nämlich gar nichts über das Leben und Wirken
des Herrn. Natürlich muß dies die Hauptsache sein, wenn
man in Jesu den Menschen sieht, dessen Bedeutung in seiner
„religiösen Absolutheit“ liegt, den Menschen, von dem sich
Gott in einzigartiger Weise hat finden lassen und dessen
wesentliche Aufgabe dann darin besteht, diesen Gott zu ver-
kündigen und die Motive und Zwecke Gottes in seinem
eigenen Personleben zu bethätigen, Gott in der Welt zu

leben. Man hat auch auf der entgegengesetzten Seite — z. B. von Zezschwitz — einen Mangel darin gefunden, daß das Bekenntnis von dem Leben Jesu nichts sage, während Claus Harms dasselbe aus einem anderen Grunde zu dürftig, nämlich zu historisch fand. Er hätte es gern psychologischer gestaltet gehabt. Beides aber mit Unrecht, wenn der zweite Artikel mit dem Bekenntnis der Gottheit Christi im alten Sinne des Wortes beginnt.

Es finden sich im Mittelalter Versuche, das Leben Christi auf Erden in Hauptpunkten in das Symbol aufzunehmen, darunter aber merkwürdiger Weise nicht ein einziger Satz, der den Forderungen Harnacks entspräche, wenn er sagt: „man vermißt den Hinweis auf seine Predigt, „auf die Züge des Heilandes der Armen und Kranken, „der Zöllner und Sünder, auf die Persönlichkeit, wie sie „in den Evangelien leuchtet. Dies Symbol enthält eigent= „lich nur Ueberschriften. In diesem Sinne ist es unvoll= „kommen; denn kein Bekenntnis ist vollkommen, das nicht „den Heiland vor die Augen malt und dem Herzen ein= „prägt." Es ist offenbar, daß diesen Forderungen die alten Ergänzungsversuche nicht genügen, welche die Ver= kündigung durch den Engel Gabriel, die Taufe durch Johannes, die Versuchung durch den Teufel, die Wunder, den Verrat durch Judas, ausgeführtere Züge des Leidens und der Erscheinungen nach der Auferstehung hineinbringen. Auch dies geht über „Überschriften" nicht hinaus und — würde das Symbol für Harnack nur noch unannehmbarer machen. Aber zuvörderst die Frage, wie Harnack sich ein Bekenntnis denkt, das als Taufbekenntnis auftritt? Wird dasselbe anders als in kurzen Sätzen dasjenige wieder=

geben können, was als Objekt des Glaubens bezeugt worden ist? Die Form von „Ueberschriften" oder von prägnantester Zusammenfassung des Gehörten, und damit die Form einer kurzen Inhaltsangabe würde bleiben. Denn das Bekenntnis, die Unterschrift der Wahrheit, ist etwas anderes als das Zeugnis, und ich fürchte, daß ein Bekenntnis, wie es Harnack verlangt, erst recht die Art einer Lehrvorschrift an sich tragen und sehr bald als eine ebenso schlimme Fessel empfunden würde, wie andere Bekenntnisse. Überdies würde man der Forderung, die „Persönlichkeit" des Herrn zum Ausdruck zu bringen, nur durch psychologische Zeichnung erfüllen können, und wer will es wol versuchen, dafür den ebenso einfachen wie vollendeten Ausdruck zu finden? Am ersten Artikel fehlt Harnack nichts, denn das Wort Vater sagt alles. Warum genügt ihm im zweiten Artikel nicht das Wort „Herr", zumal er sich Luthers Erklärung desselben aneignet? Ists nicht genug auch zur psychologischen Zeich= nung, daß es heißt: „gelitten, gekreuzigt, gestorben"? Oder steht dem, der um Gottes Erbarmen bittet, nicht genug vom Heilande vor Augen, wenn er schließt: „um des bitteren Leidens und Sterbens unseres Herrn und Heilandes Jesu Christi willen"? Giebt es irgend ein Wort, irgend ein Zeichen, welches den Freund der Sünder, welches die „Persönlichkeit" des HErrn vollkommener vor Augen stellte, als das Kreuz (vgl. Gal. 3, 1)? Ich fürchte, daß gegen Harnacks Forderung, wie er sie meint, mit Recht der Vor= wurf erhoben werden würde, das heiße Theologie in dies Bekenntnis hineintragen, — vielleicht aber auch noch etwas anderes, denn Harnacks Forderung liegt auf einer Linie mit der gefühlsmäßigen mystisch=ästhetischen Versenkung in

Christi Leiden, die dem that= und tragkräftigen Leben aus dem Glauben schon so oft und viel geschadet hat.

Aber es ist auch nicht richtig, daß dem zweiten Artikel etwas wesentliches im Verhältnis zur urchristlichen Ver= kündigung fehle. Jesus selbst bezeichnet seinen Tod als den eigentlichen Zweck seines Daseins (Marc. 10, 45), der He= bräerbrief als den Zweck seines Geborenseins (2, 14). Die apostolische Verkündigung ist weder Verkündigung der ge= sammten Geschichte, noch des Lebens und der „Persönlichkeit" Jesu, sondern nur seiner Person im Lichte seines Todes, seiner Auferstehung, seines gottheitlichen Seins zur Rechten des Vaters und seiner Wiederkunft zur Heilsvollendung. Dies ist ebenso in der Apostelgeschichte wie dem epistolischen Teile des N. T. der Fall. Paulus schreibt an die Korinther: „ich hielt mich nicht dafür, daß ich etwas wüßte unter euch, ohne allein Jesum Christum, und zwar diesen als Ge= kreuzigten". Nur weniges andere wird gelegentlich erwähnt, nämlich die Einsetzung des heiligen Abendmales (1. Cor. 11,23), die Verklärung (2. Ptr. 1, 17) und ein nicht in den Evan= gelien enthaltenes Wort (Apg. 20, 35). Das ist alles. Von einer Zeichnung der „Persönlichkeit" nicht eine Spur. Den Juden ist die Person und Geschichte Jesu bekannt; sie werden erinnert an die Krönung ihres Verhaltens gegen ihn als seine Verräter und Mörder, und dem gegenüber steht die Rechtfertigung, die Gott ihm hat zu Teil werden lassen durch die Auferweckung, Apg. 2, 23 ff., vgl. 1. Cor. 2, 8. Den Heiden gegenüber kommen ebenso in der grundlegenden Missionspredigt wie nachher in der ernstesten brieflich geübten Seelsorge nur die genannten Thatsachen in Betracht. Die Jünger und alle, die etwas von ihm hoffen, erwarten eine

That, die eigentlich messianische That von ihm. Die That, die er endlich thut, ist — sein Leiden und Sterben, — nicht als wenn ihnen nun klar werden sollte: es war verkehrt, daß wir noch etwas von ihm erwarteten, wir sollen uns genügen lassen an seinen Worten und an seinem Leben. Im Gegenteil, sie haben es nachher, als er auferstanden war, begriffen, daß das Kreuz, das Sterben seine Messiasthat war zur Begnadigung, zur Erlösung, zur Versöhnung der Welt. Wäre er vergeblich gestorben, so wäre er nichts anderes für uns, als der Mann, der im Verhältnis zu seinen Idealen das tragischeste Geschick erlebt hat. Daß er nicht vergeblich gestorben ist, ergiebt seine Auferstehung (1. Cor. 15). Darum concentriert sich die Bedeutung Christi für die Welt in seinem Kreuz. „Das Blut Jesu Christi, des Sohnes Gottes, macht uns rein von aller Sünde" schreibt Johannes. „Wisset, daß ihr nicht mit vergänglichem Gold oder Silber erlöset seid, sondern mit dem teuren Blute Christi als eines unschuldigen und unbefleckten Lammes" schreibt Petrus, und was sagt Paulus? „Gott hat Jesum vorgestellt zu einem Gnadenstuhl — oder wenn man lieber so übersetzen will: zu einem Sühnopfer — durch den Glauben in seinem Blut, damit er die Gerechtigkeit, die vor ihm gilt, darbiete in dem, daß er die Sünde vergiebt, welche bis anhero geblieben war unter göttlicher Geduld."

Wahrlich, unser Bekenntnis, so wie es lautet, wird der apostolischen Verkündigung viel mehr gerecht, als ein nach Harnacks Forderungen gestaltetes. Es bietet gerade das dar, was der Welt zu glauben verkündigt worden ist, das, worauf die Seelsorge der Apostel immer wieder zurückgegriffen hat als auf das

Einzige, daran die Gemeinden und jedes Glied derselben
sich immer wieder „zu orientieren" hätten, wie der moderne
Ausdruck lautet, und genügend orientieren könnten. Und es
bietet dies gerade dadurch dar, daß es nicht die „Persön=
lichkeit", wol aber die Person Jesu voranstellt. Denn das
ist es, was seinem Tode diese Bedeutung giebt, daß der
vom Himmel gekommene Sohn Gottes den Tod, und gerade
diesen Tod am Kreuze gestorben ist.

Gewis, die Christenheit konnte von Anfang an nicht
anders, als sich auch die Geschichte des HErrn vom Anfang
seines Auftretens, ja vom Anfang seines Daseins an gegen=
wärtig halten, und die Apostel konnten nicht anders, als
den Gemeinden auch alles mitteilen, was sie von Jesu wußten.
Aber dies alles ist doch nur Umgebung des Kreuzes und
wird erst beleuchtet und licht vom Kreuze her, und das
Kreuz empfängt sein Licht vom Auferstehungsmorgen her.
Darum kann man den Jesus, an den wir glauben sollen
zu unserer Erlösung, nur nennen und bekennen als den
Sohn Gottes, gekreuzigt, gestorben, begraben, niedergefahren
zur Hölle, wieder auferstanden von den Toten, aufgefahren
gen Himmel, sitzend zur Rechten des Vaters, von dannen
er kommen wird zu richten die Lebendigen und die Toten.
Ist das noch nicht genug? Es giebt ein griechisches
Sprüchwort: πλεῖον ἥμισυ παντός, „halb ist mehr als
das Ganze." Ich fürchte, dies würde sich sehr bald
bewahrheiten, wenn man noch das Leben, die Persönlichkeit
Jesu hineinbrächte.

Doch sie soll ja auch nicht noch hinzugebracht werden,
sondern sie soll an die Stelle der Person treten. Wie
wird dann das Bekenntnis lauten? „Ich glaube an Jesus

Christus, vom Weibe geboren, zum Sohne Gottes erkoren und gesalbt mit dem heiligen Geiste, der verkündigte im Evangelium den Frieden als der Freund der Armen und Kranken, der Zöllner und Sünder, dessen Leben lauter Lieben war; dann verraten von einem seiner Jünger, von ihnen allen verlassen, verworfen von seinem Volke, gekreuzigt im Namen der höchsten irdischen Gewalt, gestorben, begraben, (auf= erstanden und) erhöht zur Rechten Gottes." O ja, glauben könnte man das wohl, denn so weit kennt jeder das menschliche Geschlecht. Aber ob das wohl ein anderer Glaube sein würde, als den der HErr selbst Matth. 23, 29 zeichnet, anders als der Glaube derer, „die da bauen der Propheten Gräber und schmücken der Gerechten Gräber?" Und wenn er anders wäre, wenn es der Glaube dessen wäre, der sich und sein Geschlecht nur beklagen, für diesen Mann selbst aber das denkbar höchste glauben kann, — denn er hat es verdient, daß Gott ihn erhöht —, ob man dann noch wagen würde zu bekennen: „ich glaube an eine Vergebung der Sünden und ein ewiges Leben?" Ich gestehe, ich würde das Amen darauf nicht wagen, und alle diejenigen mit mir nicht, deren einiger Trost im Leben und im Sterben die erste Frage des Heidelberger Katechismus und Luthers Erklärung des zweiten Artikels ausspricht. Hier ist der Punkt, an dem sich unsere Wege scheiden.

Man sage nicht, das sei erbauliche Rede, durch die eine theologische Frage nicht entschieden werden dürfe. Es ist nicht die Theologie, sondern die Religion derer, „die da anrufen den Namen des HErrn Jesu an ihren und unseren Orten", die hier zur Verhandlung steht, und ich denke, daß D. Harnack selbst dies besser verstehen und würdigen wird, als die Jugend, die ihn zur Aussprache veranlaßt, und als die Presse, die ihm zujubelt.

Der Unterschied zwischen dem, was Harnack im zweiten Artikel haben möchte und dem, was darin steht, ist dieser: das Bekenntnis handelt von dem, der Gott war und ist und Mensch geworden ist, von dem, der ob er wohl in göttlicher Gestalt war, sich erniedrigt und Knechtsgestalt angenommen. Nach H. soll es handeln von dem, der Mensch war und ist, und Gottmensch geworden ist. Was ist schwerer zu glauben, und was seliger? Einer Antwort bedarf es nicht.

Aber fehlt nicht doch wenigstens etwas, wenigstens ein Wort im Bekenntnis, entweder das Wörtlein „für uns", oder ein Wort, welches sagt, wie ich es mache, um etwas für mich von dem allen zu haben? Nein! Das Wort „ich glaube", und der dritte Artikel sagen alles. Einer Beschreibung des Glaubens bedarf es nicht, denn der Glaube richtet sich nach seinem Object. Ja noch mehr: das Object, das was in den 3 Artikeln steht, ermöglicht erst Glauben, wirkt den Glauben, und darum ists an diesem Worte genug. Jede Erweiterung auch nach dieser Seite hin würde bald als unzulänglich empfunden werden und der Sache mehr schaden als nützen. Wer erst glauben gelernt hat, weiß auch aus eigener Erfahrung, warum die Apostel es nicht mit einem anderen Worte haben sagen können, als mit dem Worte glauben. Anweisung und Beschreibung des Glaubens gehören wohl in ein Bekenntnis wie die Augustana und die Apologie, aber nicht in das Taufbekenntnis.

So liegt denn in der That die Sache so, wenn

anders die Gottheit und Gottmenschheit Jesu Christi vom
neuen Testament vertreten wird, daß unser Bekenntnis
wie kein anderes in großartigster Objectivität
die apostolische Verkündigung reproduciert. Jedes
nachfolgende Bekenntnis kann, wenn anders die apostolische
Verkündigung im Rechte ist, nur den Zweck haben, dieses
Bekenntnis gegenüber den Verirrungen einer bestimmten
Zeit neu zu bejahen, oder — mit der apostolischen Verkündigung und der bisherigen Kirche Christi zu brechen,
welche trotz des tiefgehenden unheilbaren Schismas an
diesem Bekenntnis noch ein einigendes Band hat. Dies
ist die Bedeutung der Bekenntnisfrage, die H. aufwirft.
Denn das Apostolikum ist das einfache runde und rückhalt-
lose Bekenntnis zur apostolischen Verkündigung.

IV.

Mit einem Notstand, sagt H., haben wir zu rechnen.
Wer könnte ihn tiefer empfinden, als ein Lehrer der
theologischen Jugend, von dessen Hand die künftigen
Diener am Wort gefordert werden? Man sage nicht, daß
die Empfindung für diesen Notstand allein auf der Gegen-
seite klar und tief sei. Ich glaube nicht, daß man ihn
rückhaltloser als vorhanden, als schweren Notstand anerkennen kann, als ich es in meiner Schrift über die
Befähigung zum geistlichen Amte gethan.

Der Notstand ist vorhanden. Aber dieser Notstand
besteht nicht „in der Differenz zwischen den alten Bekennt-
nissen", in unserem Falle dem Apostolikum — „und der

4

geschichtlichen Betrachtung unserer Zeit." Wenigstens wenn er hier läge, so würde gesagt werden müssen, er bestehe in den Anspruch der Evangeliumsverkündigung und des Bekenntnisses, daß etwas geglaubt werden solle, was schlechterdings nicht Ergebnis geschichtlicher Forschung sein könne. Sobald die Sache so formuliert wird, ergiebt sich, daß kein Notstand vorliegt, sondern ein Principienstreit. Denn von der Behauptung können wir nicht lassen, daß die Frage nach der Person Christi nicht durch geschichtliche Forschung entschieden werden könne. Ein Principienkampf aber entsteht überall, wo das Evangelium vertreten wird, und seis auch nur innerhalb der vier Wände eines Hauses. Derselbe kann durch keine Formel beseitigt werden.

Darum liegt der Notstand auch nicht darin, daß „ein gereifter, an dem Verständnis des Evangeliums und an der Geschichte gebildeter Christ Anstoß an mehreren Sätzen des Apostolikums wird nehmen müssen." Allein ich nehme an, daß D. Harnack selbst bedauert, diesen Satz gesprochen und geschrieben und damit im Voraus das Verdict der christlichen Unreife und Unbildung über alle seine Gegner ausgesprochen zu haben. Deshalb gehe ich darauf nicht ein.

Der Notstand liegt darin, daß die Kirche in der Hauptsache, nämlich rücksichtlich des Standes des inneren Lebens, des Glaubenslebens und der auf ihm ruhenden christlichen Erkenntnis, mit einem Wort rücksichtlich der religiösen Reife sich mit geringeren Anforderungen an diejenigen begnügen muß, die ihre Diener werden wollen, als z. B. ein Missionshaus, und daß sie doch darum die Forderung der Bekenntnistreue nicht fallen lassen kann. Sie fordert mit vollem Recht von ihren Dienern akademische Bildung. Die akademische Bildung aber bringt es mit sich, auch bei orthodoxester Besetzung der theologischen Facultäten, daß der Jüngling tief eingetaucht wird in den ganzen Gegensatz, in den sich die moderne Bildung zu dem kirchlichen Bekenntnis von dem lebendigen Gott und von dem Mensch gewordenen Sohne Gottes gesetzt hat. Der orthodoxeste Docent, die orthodoxeste Facultät kann und darf es nicht lassen, selbst in diese Gegensätze hineinzuführen, und daß das wenigstens unsererseits mit Objectivität und mit aller Wahrhaftigkeit geschehe, die dem Gegner gerecht, ja eher allzugerecht, als ungerecht wird, dafür sorgt schon die akademische Jugend selbst. So kann keine Facultät, kein Docent anders, als die Jünglinge, die sich zum Dienst der Kirche erbieten und rüsten, mit heiligstem Ernst vor die entscheidenden Fragen stellen. Die Entscheidung kann ihnen Niemand abnehmen. Dieselbe ist aber nicht wissenschaftlicher, sondern religiöser Art. Gewis kommt viel auf die Persönlichkeit des Lehrers an, um so mehr, als der heilige Geist Gottes, der allein den Glauben wirkt, nur durchs Wort, also durch Menschen ihn wirkt. Von Mensch zu Mensch pflanzt sich die Wahrheit, das Heil, der Glaube fort. Aber es kommt doch nicht alles darauf an.

Je breiter und tiefer der Strom der modernen Bildung flutet, desto ernster und desto schwerer wird die Entscheidung. Sie wird nicht immer rasch gewonnen, nicht einmal dann und dort, wo die Principienfrage klar und scharf gestellt wird. Die klare Stellung der Principienfrage kann nur vor der Frühreife bewahren, und es giebt bekanntlich nicht bloß eine orthodoxe, sondern auch eine

4*

heterodoxe Frühreife, welche sich ganz besonders
gern wissenschaftlich geberdet. Ist derjenige, der mit sich
noch nicht ins reine gekommen ist, darum zurückzuweisen
vom Dienst am Wort und Sacrament?

Ja, wer soweit mit sich ins reine gekommen ist, daß
er bekennt, er könne nicht mehr zu dem Herrn Christus
beten, muß sich selbst zurückziehen vom Dienste derer, deren
ältester Name ist: „die da anrufen den Namen des Herrn
Jesu." Die Frage darf nicht gestellt werden: bin ich denn
nicht mehr ein Christ, ein Glied der Kirche? wie Schrempf
sie gestellt hat. Denn man hört damit noch nicht auf ein
Christ zu sein, daß man noch oder wieder an den ersten Buch=
staben des Glaubens lernt, und auch nicht damit, daß man in
der Anfechtung und Versuchung wieder weit, weit zurück=
geworfen ist. Gott hat viel Geduld mit seinen Kindern,
und mancher Christ wird alt und grau, ehe er weiß, daß
er ein Christ ist und sein darf. Das war der Irrtum
einer früheren Zeit, daß sie den Christenstand und ein
gewisses großes Maaß von Erkenntnis miteinander
identificierte und unbarmherzig kein Verständnis hatte für
das verborgene Werden und Wachsen sowohl des Glaubens
wie erst recht der Erkenntnis. Aber eben darum kann
auch nicht jeder, wenn und weil er noch ein Christ ist,
sofort auch Diener am Wort werden oder bleiben, erst
recht nicht deshalb, weil er Theologe ist. Denn Theologie
ist ja bloß ein Erfordernis zu diesem Dienst, mehr nicht.

Die Entscheidung liegt zunächst bei der Ehrlichkeit
derer selbst, die den Kirchendienst als ihren Lebensberuf
begehren. Ihnen ists ins Gewissen zu schieben, und es
ist römischer Sauerteig, sich durch Umgestaltung kirchlicher

Ordnung diese Gewissenspflicht abnehmen lassen zu wollen. Aber auch diese Ehrlichkeit ist vielfach vorhanden ohne die Einsicht, ohne Verständnis dessen, wonach eigentlich man sich selbst zu fragen hat, und dies vielleicht am seltensten bei denen, die über ein mehr als durchschnittliches Maaß theologischer Bildung verfügen, — aus nahe liegenden Gründen. Denn die Liebe, nicht das Wissen öffnet allein auch dem Theologen die Augen für die Aufgabe, die seiner wartet. Das Wissen blendet leicht. Gerade in Rücksicht auf diese werden die zum Regiment der Kirche Berufenen nicht juristisch, sondern moralisch zu prüfen haben, ob sie in Hoffnung auf die Zukunft und auf die Hochschule der seelsorgerischen Liebe dem Manne eine Gemeinde anvertrauen können. Es ist eine schmach= volle Beleidigung derer, die im Pfarramte ihre Theologie umlernen müssen, wenn man sie eines sacrificio dell' intelletto beschuldigt wegen ihres Abfalls vielleicht von den Ideen ihrer studentischen Jugend, — eine Beleidigung, deren sich nur der schuldig machen kann, der die Arbeit der Seelsorge und das Bewußtsein der dereinstigen Rechenschaft, die ein Pfarrer für das ihm anvertraute Blut zu geben hat, nicht kennen will. Gestaltet sich die Entwicklung des auf Hoff= nung in den Dienst genommenen Mannes anders, als er= wartet werden durfte, so erfordert es die Gerechtigkeit und die Barmherzigkeit, ihn nicht, wie geschehen, sich selbst zu überlassen und dem Elend preiszugeben.

Auch hier also kann nur auf moralischem, nicht auf gesetzlichem und rechtlichem Wege geholfen werden. Denn das Recht wird hier zum Unrecht. Dieselben moralischen

Forderungen, die an die Diener der Kirche zu stellen sind, sind an ihre Regierer zu stellen.

Zu den an das Kirchenregiment zu stellenden Anforderungen gehört aber auch, daß es die Gemeinde Gottes schütze in ihrem Recht, das Bekenntnis gewahrt zu sehen, denn die Forderung des kirchlichen Liberalismus, das Bekenntnis den jedesmaligen Majoritäten zu überlassen und darnach zum Amte zu bestellen, ist nicht bloß unausführbar, sondern schließt eine Vergewaltigung derjenigen Minorität ein, welche das nicht bloß historische Recht der Continuität des Glaubens von den Aposteln an für sich hat. So lange die Kirche nicht als Freikirche besteht — und das hat sie nur am Anfang gethan und wieder wird es der Fall sein bei der letzten Generation — so lange wird sie stets bestehen aus sehr verschiedenen Gliedern. Aber gerade darum muß sie das Bekenntnis wahren und darf die Gemeinden, — sogar auch wenn die Majorität nichts dagegen einzuwenden hätte — nicht preisgeben dem hierarchischen Gelüste einer Jugend, welche im Namen der Freiheit und Wissenschaft sie doch im Grunde nur vergewaltigen will. Größere Toleranz kann keine Kirche üben, als die das Bekenntnis festhält. Das Aufgeben des Bekenntnisses ist der entscheidende Schritt zur Despotie der Intoleranz, die dann höchstens noch bedacht sein würde auf Conservierung des einen oder andern Prunkstückes von orthodoxen Pastoren, vielleicht auch Professoren.

Nun aber gar Parallel-Formulare? Sind divergierende Linien parallel? Und wer soll bestimmen, welches Formular? Der Pfarrer? Das wäre eine schlechte Gemeinde, die nicht sagte: ich danke! Oder die Gemeindeglieder? Das wäre ein charakterloser Pfarrer, der danach handeln könnte. Parallelformulare in diesem Sinne sind das beste Mittel, die Pfarrer zur Charakter= losigkeit zu erziehen und die Gemeinden zu ruinieren.

Ich kann mir wohl denken, — denn ich rede aus Erfahrung — daß die seelsorgerische Liebe mit dem Taufbe= kenntnis in schwierige Lagen kommen kann. Aber ich weiß auch, daß die betende Liebe und die brüderliche Handreichung nicht Auswege, sondern den rechten Weg zu den Herzen findet, ohne darum inhaltlich auf das Bekenntnis zu verzichten. Den Weg aber wird auch der gebildetste Theologe nicht finden, auf welchem Niemand verletzt, Jeder befriedigt wird. Denn „wehe euch, wenn euch jedermann wohl redet. Des= gleichen thaten ihre Väter den falschen Propheten auch." Das hat die Liebe gesprochen.

Es bleibt nichts übrig, als zu tragen, was zu jeder Zeit ertragen werden muß. In den dunkelsten Zeiten ist es der Glaube, der im Apostolikum seinen Ausdruck findet, gewesen, der die Zukunft der Kirche bewahrt und viele getragen hat, die ihn predigen sollten und doch nicht predigen konnten. Dies wird wohl stets so bleiben. Menschen= macht kann das nicht ändern. Es wäre verhängnisvoll, Gewalt zu brauchen, seis auch nur die Gewalt der Majo= ritäten. Noch immer ist jede Bekenntnisfrage nur durch Erneuerung des Bekenntnisses entschieden worden. Darauf beruht auch das moralische Recht der Kirche der Reformation. Darum steht auch das Apostolikum im Concordienbuch. Gäben wir es auf, so gäben wir nicht bloß das letzte Einheitsband mit der römischen Kirche, sondern auch unser Recht ihr gegenüber auf. Denn das Bekenntnis zum apostolischen Wort ist unser Recht. Es kann ja freilich auch anders kommen als bisher, nicht zur Erneuerung, sondern zur Verwerfung des Bekenntnisses. Aber man täusche sich nicht. Damit fallen alle Bekenntnisse, denn das Apostolikum bildet ihrer aller Grundstock. Die Folge aber wird dann nur sein die Neubildung einer — vielleicht sehr geringen — Sonderkirche, deren Trost jedoch das Wort ihres Herrn ist: „Du hast eine kleine Kraft und hast mein Wort behalten und meinen Namen nicht verleugnet. Aber dieweil du hast behalten das Wort meiner Geduld, will ich dich auch behalten vor der Stunde der Versuchung, die kommen wird über den ganzen Weltkreis, zu versuchen, die auf Erden wohnen. Siehe ich komme bald. Halte was du hast, daß Niemand deine Krone nehme." Offb. 3, 8. 10. 11.

D. Harnack ist sich der Tragweite seiner Worte an die Studierenden nicht bewußt gewesen. Dies aber ist die Tragweite. Er mußte erwarten, daß diejenigen, denen der HErr seine Gemeinde anvertraut hat, gegen ihn protestieren würden. Es stünde übel um die evangelische Kirche, wenn sein offenes Wort kein Widerwort gefunden hätte. Dabei wird er manches Wort auch dem Verfasser dieser Schrift nachsehen müssen, das vielleicht besser und richtiger anders hätte gesagt werden können.

Druck von J. Windolff in Berlin.